AF358605

Le Prince de Bismarck

M. de Bismarck est-il le véritable artisan de l'unité allemande? Telle est la question que, pour l'instant, je pose et à laquelle je prie, en guise de *postulatum*, qu'on réponde, sans balancer, d'une manière affirmative. Il est de fait que si l'unification de l'Allemagne a formé, dès la dissolution du Saint-Empire, l'idéal ardemment souhaité d'une foule d'hommes considérables, depuis Stein, Arndt. Scharnhorst, Gneisenau, Fichte, Schiller, jusqu'aux membres du parti progressiste actuel, le personnage qui a enfin réussi à réaliser cet idéal n'est personne autre que M. de Bismarck.

Voilà bien son seul titre de gloire devant les Allemands. Mais n'est-ce pas, chez nous, une incroyable aberration d'admirer un homme précisément à cause de l'achèvement d'un édifice qui ne pouvait être élevé qu'à la condition *sine qua non* que la France serait abaissée, humiliée, mutilée et finalement dépourvue de toute espèce de prestige ou d'autorité dans le concert européen? Or il s'est trouvé, dans notre pays, une coterie politique connue sous le nom de gambettisme, gens assez sots ou assez éhontés pour oser ériger l'admiration de M. de Bismarck en devoir presque sacré; et s'il est vrai, comme je pense l'établir, que la gloire du prince-chancelier soit une gloire surfaite, ce seront des Français, ô miracle! qui auront contribué à la surfaire.

Le chien lèche la main qui le frappe, mais même un *esclave ivre* ne montrera pas de reconnaissance au maître qui jugerait bon de l'assommer de coups; de sorte que si les gambettistes n'ont pas, dès l'origine, séparé leur cause de celle de la patrie, en professant pour l'homme néfaste dont je parle un sentiment qui paraît être de la vénération, ils se sont montrés plus semblables à des chiens qu'à de pauvres esclaves. La Prusse, après Tilsitt, a eu des Haugwitz, des Lombard, des Beyme pour ramper devant le maître du monde d'alors, mais le nom des admirateurs de Napoléon Ier, quels qu'ils fussent, était universellement exécré dans le pays du Grand-Electeur; ces hommes sont, encore aujourd'hui, considérés presque comme des traîtres en Prusse, et nous voyons que le chef d'un parti qui réussit à propager le culte bismarckien en France y aura dans peu un monument digne d'un grand roi.

*
* *

Mais il faut faire voir que le prince de Bismarck n'a pas eu, même dans son pays, de plus zélés admirateurs, d'adulateurs plus plats que les gambettistes.

D'abord, quelle plus puissante preuve peut-on apporter de son entière dévotion envers un homme qu'en accomplissant la volonté et en obéissant aux moindres suggestions de cet homme? Or, les gambettistes n'ont envoyé nos soldats se faire massacrer en Tunisie et au Tonkin que parce que tel était le désir de M. de Bismarck; ils n'ont persécuté les *cléricaux*, leur chef n'a proclamé que le *cléricalisme* était l'ennemi

de la France que pour copier servile-
ment M. de Bismarck, lequel pensait
alors et pense encore maintenant que
les catholiques allemands sont les plus
résolus adversaires du nouvel état de
choses en Allemagne ; le gambettisme,
enfin, qui feignait de caresser des pro-
jets de revanche pour répondre aux
aspirations d'un certain nombre de
Français impatients de laver l'affront
de 1870–71, le gambettisme a fini par
abdiquer entièrement tous sentiments
belliqueux sur un simple froncement
de sourcils de M. de Bismarck, et il
s'est piteusement rabattu sur un ridicule espoir dans les effets d'une *justice
immanente*.

D'autre part, il n'est point de fla-
gorneries que les gens de la coterie
gambettiste n'aient débitées à l'endroit
du prince-chancelier, tant dans leur
presse que dans leurs entretiens, re-
produits par des espèces qui sont, ici,
correspondants de feuilles telles que

la *Nouvelle Presse libre*, la *Gazette de Francfort* et autres journaux semi-reptiliens. A la mort de Gambetta, ces correspondants envoyèrent à leurs journaux le compte rendu de conversations avec MM. Spuller, Reinach et différents personnages gambettistes, desquelles il ressort que le défunt tribun avait de la vénération pour Guillaume Ier et une admiration sans bornes pour M. de Bismarck. Comme aucune feuille opportuniste n'a démenti le dire des juifs viennois, il reste acquis que Léon Gambetta se tenait obligé à des devoirs d'une vassalité, tant morale que matérielle, à l'égard des destructeurs de la France.

Quel rôle la diplomatie française a joué à Berlin depuis l'avènement, soit occulte, soit déclaré, du gambettisme au pouvoir, c'est ce que peu, malheureusement, savent en France. Ce rôle a été proprement honteux. Quoique le comte de Saint-Vallier ait cru devoir donner sa démission lors de la formation du prétendu Grand Ministère, il n'en avait pas moins été, durant près de quatre ans, ambassadeur français à Berlin sous les auspices du gambettisme. Non content d'avoir, pendant ce temps, diffamé le caractère français, réputé fier et hardi, par une attitude sentant la livrée, M. de Saint-Vallier quitta la cour de Berlin après avoir confié à un journaliste allemand qu'il était navré de se voir obligé de s'en retourner en France, où *il ne retrouverait pas un si bon homme que le vieux Guillaume, ni un si étincelant génie que le brave prince de Bismarck.*

A côté de cet ambassadeur altier fonctionnait, en qualité d'envoyé secret de la coterie gambettiste, un petit jeune homme à peine sorti des bancs de l'Ecole Normale, et qui occupait ouvertement à la cour de Berlin un emploi des plus subalternes. Il avait, en effet, la place d'un lecteur de la reine Augusta, logeait au palais des petites princesses et, protégé particulier du grand homme, je veux dire de Gambetta, il se préparait ainsi à être un jour diplomate de carrière. M. Auguste Gérard, le lecteur en question de la reine de Prusse, est actuellement conseiller d'ambassade à Rome; il est décoré de la Légion d'honneur, en même temps que d'un petit ordre domestique de la cour de Berlin, créé à l'occasion des noces d'or de Guillaume et d'Augusta.

Ce fut sans doute sur les conseils du jeune M. Gérard qu'eut lieu le voyage de Léon Gambetta à Varzin. Et c'est de cela que l'infortuné est mort; je veux dire que le souvenir de sa déconvenue a pu empoisonner son existence ultérieure jusqu'à précipiter, chez lui, le dénouement que tout le monde sait. Quoi qu'il en soit, les choses, alors, se passèrent de la manière suivante : Gambetta se disposait à prendre, en France, les rênes du pouvoir, et soit qu'il n'osât ou qu'il ne voulût point demander directement au prince de Bismarck une entrevue, dans laquelle l'homme d'Etat français aurait conversé d'égal à égal avec l'homme d'Etat allemand, il s'avisa d'un pèlerinage aux environs de Varzin, comptant que l'idole du lieu ne manquerait pas de l'inviter à en passer le seuil, histoire de régler ensemble, entre la poire et le fromage, les destinées futures de la France et de l'Allemagne.

M. de Bismarck ne dit pas un mot, ne fit pas un signe, et Léon Gambetta quitta la Poméranie sans avoir conféré avec le chancelier allemand ; mais il avait compromis la dignité de la France, et son chagrin d'avoir manqué le but qu'il se proposait dut être d'autant plus vif, que les raisons qui l'avaient engagé à le poursuivre étaient moins avouables.

*
* *

En effet, Gambetta voulait mettre le cabinet qu'il allait former sous la protection spéciale de M. de Bismarck, mais sans que le public français se doutât même de la chose. La prudence imposait un reste de pudeur à l'ancien oracle du café Procope. Malheureusement pour Gambetta, le chancelier impérial allemand ne jugeait pas alors opportun de conclure avec la France une alliance, où, par parenthèse, nous aurions infailliblement joué un rôle ridicule. D'ailleurs, M. de Bismarck, qui n'est pas un bohème, qui tient, au contraire, à l'étiquette, n'avait pas à entrer dans quelque négociation que ce fût avec un personnage non encore revêtu officiellement de la dignité de président du conseil ; et ce qui parut une adorable finesse à Gambetta, savoir de se présenter à Varzin sans mandat, conséquemment sans responsabilité, fut précisément ce qui contribua le plus à faire échouer misérablement ce voyage à la fois comique et tragique : je dis comique, parce qu'on est toujours porté à rire devant les entreprises insensées d'Icares qui ne parviennent qu'à se brûler les ailes ; et, je dis aussi tragique, parce que si les choses se fussent arrangées comme l'espérait Léon Gambetta, la bêtise de cet homme aurait valu à la France de nouveaux sacrifices et de nouvelles humiliations.

*
* *

Notons que, dans la coterie gambettiste, les professeurs et ceux qui croient *qu'il y a en eux quelque chose de l'esprit de notre grande école Normale* furent toujours les plus épris de la gloire de M. de Bismarck, de même qu'en Allemagne ce sont les *Herren Professoren*, les Treitschke, les Gneist, les Adolphe Wagner, les Menzel, les Werner et consorts qui forment le clan des plus forcenés admirateurs du prince-chancelier. Serait-ce, par hasard, conformité de caractère et d'état? et tous ces pédants, habiles à manier la férule, adoreraient-ils le chancelier de fer, principalement à cause de la *maëstria* avec laquelle il emploie l'instrument de correction dont il s'agit?

Je me trompe : le zèle des gambettistes pour M. de Bismarck peut n'être pas sincère.

Ces gens-là, se voyant forcés d'obéir, à la baguette, au chancelier allemand, se dirent un jour qu'il n'y aurait qu'un moyen de faire digérer à la

France leur triste et déplorable condition, savoir de représenter le prince de Bismarck comme le plus grand génie des temps modernes. Si, en effet, on regimbe à l'idée de se constituer homme lige d'un maître au génie médiocre, on rougit moins aisément de servir un demi-dieu. C'est ce qui expliquerait l'article publié autrefois par le gambettiste J.-J. Weiss sur Bismarck dans le *Figaro*, article si platement élogieux que beaucoup d'Allemands eussent refusé avec indignation d'en signer un semblable ; c'est ce qui expliquerait le langage plein de déférence que la presse gambettiste avait adopté, dans le temps, à l'endroit du fondateur de l'unité allemande.

Une partie de la France s'amuse bêtement, l'autre souffre : Dieu, qui nous voit et nous entend, sait seul quand le jour du relèvement viendra et s'il viendra. En attendant, le gambettisme a réussi à faire croire à une foule de gens que l'unique auteur de toutes nos misères est l'empereur Napoléon III. Il faut bien médire de ceux à la place desquels on s'impatronise, sinon des protestations pourraient s'élever de toutes parts contre les intrus : mais la vérité est que l'empereur était tombé dans l'imbécillité, vers la fin de son règne, et que le véritable auteur de la guerre de 1870 se trouve être M. de Bismarck.

Un ancien disait : « J'ai toujours un doigt prêt pour crever les yeux à un juge corrompu. » De même, on serait aujourd'hui tout disposé à casser la tête à chaque Français, lâche ou idiot, qui pense du bien de M. de Bismarck et a le front d'en dire publiquement.

La plupart des opportunistes sont dans ce cas :

> Quand tels ribauds seraient pendus,
> Ce ne serait jà grand dommage.

Paulo majora canamus..... Nous venons de nous occuper des comparses français de M. de Bismarck : parlons maintenant de lui.

L'unité allemande, réalisée par le prince-chancelier avec l'aide de ce puissant levier qui s'appelle l'armée prussienne, ne saurait être pour M. de Bismarck un titre de gloire qu'à condition d'offrir de sérieuses garanties de stabilité. Un grand politique, dans l'exécution des plus sublimes conceptions, ne se dispense pas d'envisager. de prévoir les causes ou les accidents capables de saper un jour son œuvre. Or, M. de Bismarck. tour à tour dupant et couvrant de sang l'Europe pour arriver réellement à édifier jusqu'en de certaines bornes l'unité allemande, a élevé, nourri, dans le sein même de l'Allemagne, l'ennemi qui, tôt ou tard, doit aider à détruire cette unité.

L'ennemi que j'ai en vue n'est pas l'ultramontanisme allemand, qui, formant un parti monarchique en même temps que religieux, ne peut évidemment s'élever au-dessus de tous scrupules monarchiques : l'ennemi dont je parle, c'est le socialisme.

Personne n'ignore les accointances de Ferdinand Lassalle, père avéré du socialisme allemand, avec M. de Bismarck. Ces relations durèrent peu, il est vrai; mais M. Lothaire Bucher, ancien ami de Lassalle, fut jusqu'en ces derniers temps un des hauts fonctionnaires du ministère des affaires étrangères, à Berlin, et le comte d'Hatzfeldt, propre fils de la comtesse de ce nom, qui eut des rapports intimes avec

Lassalle, est actuellement secrétaire d'Etat au même département.

Le prince de Bismarck a pourchassé, traqué les socialistes depuis les attentats de Hœdel et de Nobiling ; mais au lieu de quelques-uns qu'ils étaient au Parlement allemand, après 1870, ils sont aujourd'hui un groupe de vingt-cinq députés, et ç'a été une pure fanfaronnade de la part de M. de Bismarck que de s'écrier comme il a fait, il y a trois ans : « Lors même que vous seriez cinquante et plus, aux prochaines élections, messieurs de la sociale, je ne vous crains point. » Qui sait, en effet, si le prince-chancelier sera encore de ce monde, à l'époque assez rapprochée dont il s'agit ? et n'est-il pas bien de ceux qui se disent : Après nous le déluge !

Maintenant, il coule de source que ce ne seront pas les socialistes allemands qui s'aviseront de détruire eux-mêmes l'unité allemande, lorsqu'ils se verront assez forts pour renverser les trônes qui subsistent encore en Allemagne. A cet instant, ou bien quelques Etats secondaires, où le socialisme n'a pas de ramifications suffisantes, s'efforceront de recouvrer leur indépendance et leur ancienne autonomie, ou bien une puissance étrangère, intéressée à *démolir et humilier l'Allemagne*, comme aurait dit Napoléon Ier, saura tirer de la situation tout le profit qu'il sera possible.

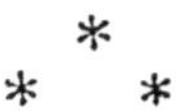

L'unité allemande n'est rien moins qu'assise, et la renommée d'homme d'Etat du prince de Bismarck ne laisse pas d'en souffrir dès l'heure présente; mais si l'on veut bien se souvenir du déplorable état dans lequel se trouvait le reste de l'Europe lorsque M. de Bismarck jugea bon de fonder. premièrement la Confédération de l'Allemagne du Nord et, secondement, l'empire allemand actuel, on reconnaîtra aisément qu'il n'est que juste d'en rabattre beaucoup relativement à l'estime que des juges impartiaux doivent faire des talents du prince-chancelier.

Laissons aux seuls gambettistes l'admiration, poussée à l'extrême, envers un homme qui, bien que n'étant pas lui-même chef d'armée, fut pour la France ce que fut Attila pour l'empire romain en décadence, savoir un fléau de Dieu. Mais, outre ce troupeau servile, il y a encore en France suffisamment de gens pour dire qu'au moins M. de Bismarck a été un politique extraordinairement heureux.

Je nie qu'il ait même été heureux.

Le bonheur, la chance suppose des obstacles à vaincre et lesquels on a positivement vaincus. Dirai-je, par exemple, d'un général qui, avec une armée de dix mille hommes, taille en pièces un nombre égal ou même supérieur d'impotents, d'aveugles et d'estropiés de toute sorte, que c'est un soldat heureux ? Avancerai-je d'un diplomate qui ne rencontre, dans sa carrière, que de pauvres imbéciles destinés dès leur berceau à faire perpétuellement le métier de dupes, avancerai-je que c'est un diplomate heureux ?

Or, en l'an de grâce 1870, lorsque M. de Bismarck mit inopinément sur le tapis la candidature d'un prince de Hohenzollern au trône d'Espagne, tout ce qu'il y avait alors en Europe de rois, d'empereurs et de ministres ne valaient guère plus, pour l'élévation de leur esprit, que le bon Sancho Pança, le désopilant écuyer de Don Quichotte. Sancho Pança aimait à manger, boire et dormir, mais non pas à se battre, ni à se marteler le cerveau pour penser. En Allemagne même, M. de Bismarck avait en face de lui un roi fou, celui de Bavière, qui posa la couronne d'empereur sur la tête de Guillaume et ne se suicida que seize ans après ; un autre roi presque crétin, celui de Wurtemberg ; des potentats, comme le roi de Saxe, le grand-duc de Bade, le grand-duc de Hesse-Darmstadt, indifférents et de nulle conséquence.

Tous ces rois fainéants vivent encore, à l'exception de quelques-uns, auxquels des monarques de même acabit ont succédé. Où est, parmi la foule des ministres qui gèrent les affaires des empires et des républiques constituant l'Europe actuelle, où est le nouveau Richelieu qui osera rompre en visière au grand chancelier allemand ? Tout ce qu'il y a d'hommes d'Etat sur le continent ne connaissent, au contraire, qu'une chose, s'incliner devant la volonté de l'Altesse poméranienne et avoir bien de garde de déranger, même sans le vouloir, ses cercles. Nous en avons de cet état d'obédience universelle jusqu'à la mort du satrape, objet de tous les respects et de toutes les soumissions ; mais, encore une fois, est-ce à dire que l'effacement général démontre la supériorité de celui que les gambettistes appelleraient volontiers le phénix des esprits ? Non ! non ! et encore non ! La domination de M. de Bismarck en Europe est du genre de celle des borgnes dans le royaume des aveugles ; et, le monde fût-il plein de ces derniers, on ne nous fera jamais avouer pour cela qu'un borgne soit un être accompli.

On raconte que ce fut Colbert qui inspira à Despréaux l'idée de composer la 1re épître au Roi, en vue de détourner ce dernier d'un goût un peu trop vif pour toutes sortes d'entreprises guerrières. Non seulement ce célèbre ministre cherchait à mettre une sourdine à l'ardeur belliqueuse de Louis XIV, mais c'était encore lui qui, décidant ce monarque à distribuer des pensions à des hommes de lettres, contribuait à faire éclore les plus merveilleux génies qu'aucune époque et qu'aucune nation aient jamais eus.

Colbert était un grand homme d'État.

Nous savons que M. de Bismarck, bien loin d'avoir dissuadé son auguste maître d'entreprendre les trois grandes guerres qu'on sait, fut au contraire celui des serviteurs de Guillaume qui l'y engagea le plus fortement.

Avez-vous jamais ouï dire que le prince-chancelier ait protégé les lettres ?

Les hommes que M. de Bismarck méprise le plus au monde, ce sont les lettrés, et, en récompense, les lettrés de la coterie gambettiste sont ceux qui, en France, ont le plus de souci de la gloire de M. de Bismarck.

Dans de telles conditions, quoi d'étonnant que l'Allemagne ait produit, depuis vingt ans, tout compte fait, trois méchants littérateurs qui s'appellent, pour tout potage, Paul Lindau, Busch et Wildenbruch? Lors donc que l'empire allemand sera, depuis longtemps, en ruines, il ne se trouvera guère d'autres témoins *ayant déposé pour le prince de Bismarch à la postérité* que l'infâme Busch, auteur de *Bismarch et ses gens*, et les pédants de la coterie gambettiste.

*
* *

Vous oubliez, dira-t-on, de mentionner les trente volumes in-folio où ont été recueillis les discours parlementaires de M. de Bismarck. Cet ouvrage, qui n'est naturellement pas encore terminé, empêchera bien que le nom du chancelier allemand ne tombe dans l'oubli.

Je sais que ce volumineux ouvrage existe et qu'il y en a même une traduction dans le français d'un certain Albert Aubert. Je sais aussi que, dans leur manie de singer M. de Bismarck, les amis de feu Gambetta ont également publié les discours politiques et parlementaires de ce dernier. Mais l'un et l'autre recueil sont évidemment destinés à pourrir dans les bibliothèques qui leur auront donné asile ; car, à part Démosthène, Cicéron et les orateurs de la chaire du siècle de Louis XIV, qui étaient tous de grands écrivains, quels faiseurs de discours sont lus ou méritent d'être lus ?

Le prince de Bismarck n'est pas un orateur. Il parle longtemps et avec le débit du monde le plus monotone, à moins que quelque interruption malsonnante ne le fasse entrer dans une

fureur gothique ; c'est un causeur assez disert, quoique s'embrouillant fré-
quemment ; mais voilà tout.

Il a perdu, ce semble, une belle
occasion de s'illustrer, en négligeant
d'extirper le parlementarisme en Allemagne ; mais, joint qu'il doit au parlementarisme de s'être pu signaler à
l'attention du roi Frédéric-Guillaume IV
— c'était au Landtag réuni de 1847,
au cours de la session duquel il se fit
extrêmement remarquer, comme simple député, par ses harangues on ne
peut plus réactionnaires, — il éprouve
manifestement le besoin de se faire
encenser par une majorité de hâbleurs,
auxquels il ne confie rien ou presque
rien de sa politique extérieure.

Mettre à couvert sa responsabilité
par le moyen de délibérations parlementaires, c'est le moindre de ses
soucis, puisqu'il a déclaré, à maintes
reprises, devant le Reichstag, qu'il ne
devait de compte de ses décisions

qu'à son auguste maître ; balancer
l'autorité impériale et royale par l'in-
fluence qu'il sait devoir conserver encore quelque temps sur la majorité du
Parlement, c'est de quoi il n'a nul besoin, étant donnée l'extrême médio-
crité intellectuelle de Guillaume Ier;
étouffer enfin, avec le secours d'un
Reichstag, toujours servile envers le
détenteur actuel du pouvoir, les cabales ayant pour but de le perdre dans
l'esprit du souverain, M. de Bismarck
n'a pas à s'en occuper, par la raison
que, depuis les événements de 1870-71,
de semblables cabales n'auraient pu se
former.

Le prince-chancelier était tout, en
Allemagne, dès après la guerre franco-
allemande ; et il eût pu alors prendre
définitivement, à l'égard du Reichstag
allemand, la mesure qu'il lui plut d'a-
dopter temporairement à l'égard du
Landtag prussien, presque au début
de son ministère. S'il ne l'a point fait,

c'est vraisemblablement pour les motifs allégués plus haut, car ce n'est pas M. de Bismarck qui s'est jamais pu aviser qu'il y a moins de difficulté à gouverner avec une Chambre que sans Chambre.

Je ne parlerai pas de l'homme privé.

Il est de notoriété que M. de Bismarck tremble de mourir assassiné ; qu'il est avare, dur envers les paysans de ses domaines de Varzin et de Friedrichsruhe, au point de prendre lui-même au collet, pour les faire arrêter, les misérables qui y ramassent du bois mort tombé des arbres ; qu'il est vindicatif jusqu'à intenter des procès à de simples couturières auxquelles il arrive de médire de lui ; qu'il est distillateur et papetier, et abuse de sa situation de chancelier de l'empire en imposant à l'administration des postes et télégraphes l'obligation d'acheter à son usine de Varzin du papier de mauvaise qualité, destiné aux formulaires de dépêches et de cartes postales.

Je reviens à la protection à accorder aux lettres et aux arts, de laquelle le prince de Bismarck s'est toujours exempté, en vrai cuirassier des fanges de l'Elbe, et sans laquelle il est certain qu'un ministre ne saurait prétendre au titre d'un grand homme d'Etat. Tandis qu'*un coup d'œil de Colbert enfantait des Corneilles*, vingt-cinq ans de présidence du conseil de M. de Bismarck n'ont mis au jour — *risum teneatis !* — que le grotesque trio Paul Lindau, Busch et Wildenbruch. Naturellement, il n'appartient pas à un ministre, tout puissant qu'il peut être, de faire naître des hommes de génie, quand il n'y en a point, et l'on aurait tort d'en vouloir au prince de Bismarck de ce qu'il n'a pas inventé un second Gœthe ou un second Klopstock : tout ce qu'on lui reproche est de n'avoir

rien fait pour les muses, *sans lesquelles un héros n'est pas longtemps héros*.
Si les pédants de la coterie gambettiste,
par horreur de l'érudition, l'en esti-
ment davantage, c'est qu'ils sont de-
venus stupides au point d'oublier que
Frédéric II, qui n'était ni un mince
politique, ni un médiocre capitaine, a
donné tous ses soins au bien des
sciences, des lettres et des arts, dans
ce même royaume de Prusse.

Qu'importe, après tout, pour la suite
des siècles, l'établissement éphémère
d'un grand empire, qui s'écroulera, se
relèvera peut-être, mais finira par dis-
paraître entièrement ? Que sont ces
bruyants remue-ménage de peuples
qui s'entretuent pour asseoir la renommée de conquérants, desquels il
est bien vrai de dire qu'*entre les grands
héros ce sont les plus vulgaires* ? Où
est, sans sortir de l'histoire moderne,
le vaste empire de Charlemagne, où
est celui de Napoléon Ier, où sera dans

peu celui de Guillaume-le-Victo-
rieux ?

Il est de ces choses si parfaitement
indiscutables qu'on rougit presque
d'avoir à les exprimer : il faut pourtant
répéter et même ressasser la vérité,
toutes les fois qu'il s'en présente le
moindre sujet ; c'est pourquoi je ne
craindrai pas de dire, en finissant, que
si un poète a bien pu mettre au bas
de son œuvre ces paroles altières :
Exegi monumentum ære perennius,
le prince de Bismarck aurait tort de se
flatter que l'empire allemand, son
ouvrage, lui survivra longtemps, quoi
qu'en puissent dire Paul Lindau, Busch,
Wildenbruch et ses thuriféraires gambettistes. Son nom, assurément, aura
même destin, tandis que ceux de ses
devanciers de race latine, Mécène, Richelieu, Mazarin, Colbert, vivront
éternellement.

Le Gérant : H. DULOUIS.

Texte du prochain Numéro :

MM. SPULLER,

RANC,

MAGNARD

et FOUQUIER.

PARIS. — IMPRIMERIE CHARLES BLOT, RUE BLEUE, 7.

MM. SPULLER, RANC

ET FOUQUIER

Quelle chute ! s'écriera le lecteur. Après nous avoir entretenus d'un homme tel que M. de Bismarck, dont le nom, malgré tout, emplit les colonnes des gazettes du monde entier depuis près d'un quart de siècle, vous venez aujourd'hui nous parler de médiocrités, et, parmi tant de héros qu'il y a peut-être encore parmi nous, vous ne choisissez que des Childebrands !

A quoi je réponds que, si M. de Bismarck est médiocre dans son rôle de maître de l'univers, d'autres peuvent bien l'être dans une condition infiniment inférieure à la sienne ; les personnages dont les noms figurent ci-dessus ont largement usé de cette permission, mais je ne m'occuperais point d'eux néanmoins, s'ils n'eussent conçu de leurs mérites une trop bonne opinion et ne fussent parvenus à en donner une meilleure encore à un assez nombreux troupeau de sots.

La vanité est si ancrée dans le cœur de l'homme, dit Pascal, qu'un goujat, un marmiton, un crocheteur se vante et veut avoir des admirateurs. Les grenouilles, dit le père Garasse, ressentent de la satisfaction de leur chant au fond des marécages qu'elles habitent. Cependant, tout serait dans l'ordre, si les médiocres qui s'admirent eux-mêmes et trouvent moyen de se faire admirer par d'autres ne nous imposaient à tous, tant que nous sommes, et de la manière du monde la plus tyrannique, l'obligation de les priser.

Je m'assure que ma tentative de les troubler dans la paisible croyance où ils sont — *beati possidentes !* — que tout l'esprit qui est au monde leur est *hoc* ne laissera pas de leur déplaire.

Qui méprise Cotin n'estime point son roi.
Et n'a, selon Cotin, ni Dieu, ni foi, ni loi.

Mais je n'ai nul souci de leur agréer ; je ne m'étudie à plaire qu'aux personnes qui, comme moi, sont dégoûtées de voir donner, chaque jour, de l'éminence à des gens qui ne sont rien moins qu'éminents. Il y en a encore, de ces personnes, n'en déplaise à l'armée des Cotins du temps.

M. SPULLER

M. Spuller était né avec un penchant très prononcé pour la modestie. Quand sa vénération, que je crois sincère, pour Gambetta ne le prouverait pas suffisamment, certaines particularités de sa collaboration au *Journal de Paris*, où nous travaillâmes ensemble, il y a dix-sept ans, feraient évanouir toute espèce de doutes dans l'esprit de ceux qui en pourraient conserver quelques-uns.

M. Spuller était, en effet, pilier de rédaction au *Journal de Paris* ; à quelque heure du jour qu'on s'y présentât, l'on était assuré de l'y rencontrer en train de compulser quelque livre ou d'écrire quelque article, s'interrompant volontiers pour donner aux visiteurs, quoique d'un ton bourru, le renseignement qu'ils demandaient. Les ténors de l'entreprise étaient, comme l'on sait, ses fondateurs, savoir MM. J.-J. Weiss et Edouard Hervé, et la collaboration de M. Spuller se bornait presque à la rédaction du Bulletin de l'étranger du journal en question.

M. Spuller professait alors pour ses deux patrons une très vive admiration. Un jour, M. Grégory Ganesco, qui avait eu sous ses ordres, au *Courrier du Dimanche* et au *Nain jaune*, la plupart des écrivains formant le personnel de la rédaction du *Journal de Paris*, se présente au bureau de cette dernière feuille. M. Weiss venait justement d'y faire ce qu'on est convenu d'appeler une brillante campagne en

faveur de la candidature législative de
M. Dufaure à Marseille. Le Valaque,
c'est-à-dire M. Ganesco, après s'être
entretenu de choses et d'autres avec
les personnes présentes, se tourne vers
M. Spuller et lui dit :

— Et Weiss ?

— M. Weiss, répond l'ami de Gambetta avec l'accent que donne une im-
muable conviction, M. Weiss est, en ce
moment, très fatigué, ce qui ne pro-
vient que de la longue et admirable
campagne qu'il a faite, dans le journal,
pour la candidature de M. Dufaure à
Marseille.

Voilà un petit échantillon du langage
laudatif dont se servait M. Spuller lorsqu'il avait à parler de M. Weiss. Malgré cela, M. Weiss ne faisait pas alors
grand cas du talent de M. Spuller ; et,
une fois, Victor Noir, reporter attitré
du *Journal de Paris*, put dire à celui

qui devait être, dans la suite, député de Paris :

— Je suis plus ancré que vous dans la *boîte*; et si Weiss avait à remercier l'un de nous, ce ne serait pas moi, assurément, qu'il congédierait!—sans que M. Spuller eût lieu de repartir autre chose que ce qu'il repartit, en effet:

— Je le sais bien, parbleu!

Le même Victor Noir faisait paraître, à l'époque, un journal imprimé en caractères rouges et ayant pour titre *le Pilori*. Il s'était assuré, pour cette feuille, de la collaboration de MM. Lockroy, le ministre actuel du commerce, Henri Rochefort, etc., et M. J.-J. Weiss lui fournissait gratuitement, de temps à autre, quelque article, naturellement signé d'un pseudonyme.

Nous nous trouvions réunis, comme d'ordinaire, dans la salle commune de rédaction du *Journal de Paris*, et

Victor Noir y parlait avec chaleur de sa dernière entreprise littéraire, du *Pilori*, quand un petit homme, très moustachu, très remuant, fort infatué de lui-même, Lucien Rigade, s'écrie à brûle-pourpoint, en s'adressant à Victor Noir :

— Pourquoi ne m'avez-vous point demandé ma collaboration pour votre *Pilori* ?

— Je m'en vais vous le dire franchement, répond Victor Noir : Edouard Lockroy, Henri Rochefort et les autres ont du talent, ils se font lire, ils ont un nom ; mais vous, mon cher, vous n'êtes que ce qu'on appelle un p...sseur de copie.

— Vous m'insultez, repart Lucien Rigade, dont la fureur était extrême, mais ne laissa pas de se calmer bientôt, de bonne nécessité, à la vue des formes athlétiques de Victor Noir.

Ce Lucien Rigade avait toujours un mot aimable pour ceux qu'il jugeait devoir lui être utiles; c'est ce qui explique qu'on le retrouve quelques années plus tard, premièrement, secrétaire de la rédaction de la *République Française*, alors que ces fonctions étaient encore rémunératrices, puis chef de cabinet du ministre Lepère.

Lorsque Rigade quitta le journal pour ce dernier poste, Gambetta aurait dit de lui au ministre Lepère : « Je ne m'en sépare qu'avec la mort dans l'âme; c'est vous dire quel précieux collaborateur je vous donne. »

Gambetta se connaissait admirablement en hommes.

* * *

Revenons à la modestie de M. Spuller. Où j'ai trouvé qu'il en a manqué, c'est quand, après Pascal, il s'est sérieusement avisé de diriger ses faibles attaques contre les jésuites.

Que l'on veuille bien me dire, sans rire, ce qu'il peut y avoir de commun entre Pascal et M. Spuller. Nul ne le pourrait ; aussi ne nous reste-t-il plus qu'à exprimer un regret, c'est que M. Spuller, pour pousser l'impertinence jusqu'au bout, ne nous ait point donné un volume de ses Pensées. On voit tout de suite cela, les Pensées de M. Spuller faisant suite aux Pensées de Pascal.

Ce n'est pas que je croie l'honorable député de la Seine incapable de penser, quoiqu'il n'ait guère été, toute sa vie, que le très pâle reflet de l'esprit des autres ; où, par exemple, il est certain que M. Spuller s'est livré sponta-

nément à une opération de son enten-
dement à lui, c'est lorsqu'il a jugé que
le sot engouement de beaucoup de
Français pour Gambetta lui permettait
de se présenter devant la nation en
homme politique indépendant, je veux
dire en personnage qui ne doit rien à
la faveur d'autrui, mais tout à ses
propres talents.

Dès lors, M. Spuller, nommé député
par je ne sais quel paquet d'électeurs,
lui qui, sans la guerre de 1870-71 et
sans la chute de l'Empire, serait pré-
sentement mince secrétaire d'une
rédaction plus ou moins fortunée,
M. Spuller s'intitula *Représentant du
Peuple*, titre qu'il a jugé bon, depuis,
de jeter aux orties.

Le *Figaro*, où s'accumulent depuis
de nombreuses années une infinité de
sottises, d'inepties à faire dresser les
cheveux à la tête des plus chauves, le
Figaro apporte son précieux concours

à M. Spuller, homme d'Etat *in spe*, futur ministre, futur président de la République. Dernièrement encore, un homme de cette boutique consacra un long article, passablement assommant, aux *Portraits politiques et littéraires*, de M. Spuller, livre où ce dernier a trouvé important, pour les lettres et pour la patrie, de réunir des articles publiés autrefois par lui dans le *Courrier du Dimanche* et dans le *Nain jaune*.

Ce n'est point cela qu'on attendait du député de la Seine. A quand, en effet, les *Pensées* de M. Spuller ?

*
*   *

Il y a quelques années, le vieux Guillaume, roi de Prusse et empereur des Allemands, passait en voiture devant l'hôtel de l'ambassade de France à Berlin.

— Dieu ! fit-il, que cette bâtisse est laide et peu en rapport avec les somptueux édifices dont elle est environnée !

Considérez que les édifices du Pariserplatz, à Berlin, desquels l'empereur d'Allemagne parlait, ne sont rien moins que beaux. Néanmoins, cette parole du vieillard fut répétée à M. de Saint-Vallier, qui la rapporta par dépêche au gouvernement de Paris, et cela suffit pour que la Chambre des députés fût saisie d'une affaire de si grave conséquence. M. Spuller était alors rapporteur de la commission du budget, je crois, et il employa toute son éloquence, qui est grande, à persuader aux députés de voter le crédit nécessaire à la transformation de l'hôtel de l'ambassade de France à Berlin.

Il n'est point de platitudes dont les

gambettistes ne soient susceptibles envers les bourreaux tudesques de la France.

Quatre cent mille francs furent affectés auxdites réparations. lesquelles furent confiées à un architecte et des maçons berlinois, qui gaspillèrent à tel point l'argent des contribuables français, que l'ambassade de France à Berlin est devenue quasi inhabitable !

*
*   *

M. Spuller a acquis ses connaissances, très vastes, en politique étrangère. dans un voyage qu'il fit en Orient avec l'orléaniste Edouard Hervé, pendant l'été de 1868.

Ce voyage dura six semaines. Le

but des deux explorateurs, à ce qu'on a pu leur entendre dire, à leur retour, au bureau du *Journal de Paris*, était d'étudier de près, dans Constantinople, la constitution des harems, tant du Grand-Turc que des particuliers de secte musulmane. Mais ils revinrent bredouille, à ce qu'ils ont eux-mêmes avoué, et c'est peut-être la raison pourquoi MM. Spuller et Hervé n'oseront jamais assumer la tâche de donner à la France une Constitution quelconque.

★
★ ★

M. Spuller est bon parent. Son frère, notaire en Bourgogne, se trouvait, sous l'Empire, si peu accommodé des biens de fortune, qu'il dut fonder, à Auxerre ou ailleurs, une feuille départementale, pour l'intérêt de laquelle il fit un voyage à Paris vers 1868. Je me rappelle l'avoir aperçu, ce frère, à la rédaction du *Journal de Paris*, feuille orléaniste dont il venait solliciter l'appui.

L'organe départemental fondé par Spuller senior, car le notaire de ce nom est l'aîné du député, existe **ou** n'existe plus ; je n'en sais rien, je n'ai jamais cherché à le savoir ; mais ce qui est de certain, c'est que depuis que Spuller junior s'est érigé en politique transcendant et en écrivain de race, le notaire a toujours été titulaire d'une préfecture, sorte de prébende laïque dont il touche les revenus depuis une dizaine d'années.

M. RANC

Les bureaux de rédaction du *Journal de Paris*, où se recruta la milice, formée d'éléments étonnamment disparates, qui devait contribuer à asseoir la République opportuniste, se composaient de trois pièces : la première, la moins exiguë de toutes, était la salle commune, garnie d'une table oblongue, au tapis vert obligatoire ; au fond, à gauche de la porte d'entrée, d'une autre table de bois blanc, petite, sans tapis, et d'un casier où ne se trouvaient guère que quelques feuillets dus à la plume de Victor Noir, le commencement de

Mémoires, restés inachevés, devant servir à l'histoire du Second Empire. Les murs de cette salle étaient, d'ailleurs, ornés de cartes géographiques, de gravures coupées dans différentes publications illustrées et de dessins à la plume de Delprat, mort fou avant la guerre. Les deux autres petites pièces, communiquant toutes deux avec la première, servaient l'une, de cabinet à M. Weiss, l'autre, de bibliothèque et de cabinet pour M. Hervé. On y constatait le même manque de tout luxe que dans la salle de rédaction commune.

M. Ranc travaillait tout seul à la table du fond de cette salle, tournant le dos à la lumière que nous donnaient deux grandes fenêtres ayant vue sur la vaste cour de l'imprimerie Dubuisson. Je vois encore ce petit homme replet installé dans ce coin obscur, se levant quand M. Weiss entr'ouvrait la porte de son cabinet pour lui dire :

— Citoyen Weiss, que dites-vous de l'article que vient de publier Chose dans la gazette X...?

M. Ranc était rédacteur du *Réveil* de Delescluze, en même temps que critique théâtral du *Journal de Paris*. Sa collaboration à la première de ces feuilles, plus assidue qu'elle ne l'était à la seconde, puisqu'au *Réveil* il fournissait des articles deux ou trois fois la semaine, tandis que le *Journal de Paris* n'avait de lui, hebdomadairement, qu'une chronique théâtrale, n'empêchait point qu'il n'élût domicile chez MM. Weiss et Hervé. Etait-ce à cause que son père faisait le sport au *Journal de Paris*, matière de laquelle le *Réveil*, trop austère, dédaignait de traiter?

Quoi qu'il en soit, on ne saurait trop admirer que deux farouches révolutionnaires tels que MM. Ranc père et fils aient pris justement les théâtres et

le sport, matières éminemment mon-
daines, dans une feuille notoirement
subventionnée par les princes d'Or-
léans. On se doute, d'ailleurs, du
propter hoc qui pourrait être ici allégué
comme excuse.

*
* *

Les collaborateurs du fils Ranc, au
Journal de Paris, ne laissaient pas
d'éplucher jalousement la prose qu'il
y insérait. Un jour, le gros Sarcey ne
vint-il pas reprocher à M. Ranc d'avoir
écrit dans son dernier feuilleton théâtral : causer de choses et d'autres *à*
quelqu'un, au lieu de *avec* quelqu'un ;
à quoi notre feuilletonniste répondit,
en rougissant, que c'était un *lapsus
calami*. Et, de vrai, il faut bien que
M. Ranc soit un grand grammairien,

puisque c'est lui qui a inventé cet admirable mot de *bondieusard*, que l'Académie n'a peut-être pas encore admis dans son Dictionnaire, mais qui a le mérite inappréciable de rendre le mépris dont M. Ranc foudroierait volontiers tout ce qu'il y a d'hommes assez simples pour croire en Dieu.

**
* **

Depuis que M. Paul de Cassagnac s'est égratigné en duel avec M. Arthur Ranc, il a pour ce dernier une très profonde estime, qu'il n'a pas craint de manifester autrefois dans le *Pays*. Le premier se dit impérialiste, le second passe, bien à tort, pour avoir aidé à renverser l'Empire, si bien qu'on serait obligé par là de concevoir des doutes relativement à l'état mental du rédacteur du *Pays*, s'il n'avait

donné d'autres preuves, assez abon-
dantes, de l'instabilité de ses facultés
intellectuelles.

Ces deux âmes devaient fatalement
se retrouver dans une même feuille
hospitalière, au *Matin*, où ils écri-
vent des *leader* qu'on dit intéresser
beaucoup le vain peuple des boursi-
cotiers.

*
* *

M. Ranc fit, sous l'Empire, dans je
ne sais quel journal, un *éreintement*
d'Emile de Girardin, qu'il traitait, pa-
raît-il, de vieille coquette ridée et
cherchant à *réparer l'irréparable ou-
trage des ans* par le moyen du fard et
de la poudre de riz.

Or, il se rencontre qu'aux dernières
élections, entre les journaux qui pré-

conisaient la candidature de M. Ranc,
il y avait justement une feuille qui
avait appartenu à Emile de Girardin,
la France. Une si étrange bévue ne
pouvait être commise par personne
autre que par le directeur *politique*
actuel de ce journal. Pauvre M. Lalou!... Intéressant bonhomme, dont
on peut vraiment dire, avec le poète,
que

Son étonnant savoir, de simple charbonnier,
L'éleva par degrés au rang de financier!

*   *

*

On a surtout loué M. Ranc des talents
qu'il possède le moins; quelques-uns,
par exemple, ont cru qu'il était passé
maître dans l'art de conspirer : cela
n'est point plus vraisemblable que

vrai. D'abord, il faut voir le personnage, qui, au physique, ressemble à un sonneur ou à celui qui joue du serpent dans une église de village, pour rejeter aussitôt l'idée que M. Ranc serait de la race ténébreuse des conspirateurs. Maintenant, M. Ranc est, avant tout, journaliste, et ce n'est pas un homme obligé, chaque jour, d'écrire à peu près ce qu'il pense dans une gazette ou dans une autre, qui réunira jamais les qualités requises pour faire un savant conspirateur.

Ce dont on pourrait louer M. Ranc avec pleine justice, c'est de n'avoir pas commis la balourdise de faire un choix de ses meilleurs articles, dans la vue de les publier en un volume qui eût infailliblement couru le risque d'être prisé dans le *Figaro* par Ignotus ou Chincholle.

M. FOUQUIER

Au mois de novembre 1870, j'eus le bien de rencontrer à Bordeaux M. Fouquier, que j'avais connu au *Journal de Paris*. Il était à l'âge qui, selon les mots de Ronsard, *fleuronne en sa plus verte nouveauté*. Que cherchait-il ? A se mêler dans les rangs de ceux qui croyaient combattre pour la France, mais en réalité se faisaient massacrer pour la plus grande gloire d'un embryon appelé Gambetta ? Rien moins ! M. Fouquier, bon pour le service militaire, tâchait d'être proconsul ou préposé aux fournitures de l'armée.

Je revis, après la guerre, ce charmant homme sur le boulevard. Il venait d'être préfet des Bouches-du-Rhône *l'espace d'un matin*. Il voyait alors tout en noir. De M. Thiers, qui devait le nommer bientôt directeur du bureau de la presse au ministère de l'intérieur, il me disait que c'était « un esprit sénile ». Il avait contre M. Spuller une très forte dent: « Je lui demandais un emploi, me disait-il, comme étant son ancien collaborateur du *Journal de Paris*, et croiriez-vous que cet homme, qui n'a jamais eu en sa vie qu'une maîtresse laide et qui lui a...... exigea que je lui fisse parvenir ma requête par l'intermédiaire de ma belle, qui n'a jamais été.....! » Le petit Magnard, du *Figaro*, passait à ce moment sur le boulevard : « Il est absolument dépourvu de talent, me dit Fouquier, mais il est méchant! » D'Emile Blavet, Fouquier me dit que c'était « l'homme le plus bête de

France ». Je lui parlai de M. Edouard Hervé : « Il a la poitrine renfoncée, me dit le Fouquier, ce qui ne l'empêche pas d'avoir l'audace de se croire autant de talent que j'en ai. »

Comme on voit, dès 1871, M. Henri Fouquier avait de lui-même une opinion que ses concitoyens ne songeaient pas encore à partager. Il ne disait pas alors : « Nous autres lettrés….. » mais il pensait en être, et parmi les plus huppés, sous prétexte qu'au lieu de dire comme tout le monde *quoique*, il affectait et affecte encore de se servir de la locution surannée de *encore que*.

C'est Fouquier qui a trouvé tout seul cette phrase qui l'aurait tué, si le ridicule tuait encore les gens en France : « On m'a fait l'honneur de croire que j'étais sorti de l'école Normale; c'est donc qu'il y a réellement en moi quel-

que chose de l'esprit de cette grande
école..... »

Les chroniques que Fouquier si-
gnait, au *Journal de Paris*, Jacques
Raffey n'avaient pas l'ombre de succès.
Comment se fait-il qu'aujourd'hui sa
prose soit jugée si bonne, qu'elle
s'étale en même temps au *Gil-Blas*,
aux *Débats*, au *Figaro*, au *XIX*ᵐᵉ
Siècle et à la *France*? A-t-il fait des
progrès depuis, ou bien lui tient-on
compte de son héroïque conduite, pendant la guerre, dans les estaminets et
les restaurants de Bordeaux?

Tel idiot de la presse appelle volontiers Fouquier « mon cher maître »
dans sa feuille, tel autre le traite
d' « éminent » et le lettré Fouquier
croit que c'est arrivé. Non! qu'il ne se
berce point de semblables illusions; il
n'est, en somme, qu'un pédant non
Normalien, qu'un académicien de rencontre, comme disait J.-J. Weiss en

parlant de lui, précisément. Quoiqu'un sordide gain, selon Boileau, ne doive jamais être l'objet d'un illustre écrivain, il peut tirer de sa fastidieuse prose tout le profit possible, mais, comme lettré, qu'il ne prétende qu'à l'estime de Lalou, de Magnard et des connaisseurs de cette farine-là.

Il en est beaucoup à qui la guerre de 1870-71 a été singulièrement fatale. M. Fouquier n'est pas de ce nombre : sans la guerre, il ferait encore, au *Journal de Paris*, des Jacques Raffey peu prisés ou occuperait une chaire de sixième dans un collège de province ; grâce à la guerre, c'est un personnage. Les malheurs de la France ont servi de quelque chose à M. Fouquier. Si, au lieu de courir, en 1870, de Délégation en Délégation, pour obtenir de ses amis au pouvoir une sinécure, à l'abri des balles prussiennes, il se fût engagé volontairement, n'eût-ce été que dans le corps, peu glorieux, quoique fort utile, des infirmiers, personne ne trouverait à redire au fait en question ; mais que notre misère à tous ait engraissé le Fouquier, sans qu'il ait jugé bon de payer à sa patrie la dette du sang, alors qu'il en était besoin, c'est ce qu'il y a de suffisamment *endêvant*. Aussi, Fouquier, ne larmoyez pas trop en vos longs articles, lorsque la fatalité ou un sort bizarre veut que vous entreteniez des lecteurs français des tombes de nos soldats morts en Alsace-Lorraine : nous savons que ce n'est là que du patriotisme à cinq ou six sous la ligne.

Le Gérant : H. DUBOUIS

Texte du prochain Numéro :

———

MM. Francis **MAGNARD**,

Pierre **VÉRON**,

Aurélien **SCHOLL**,

et A. **WOLFF**.

PARIS. — IMPRIMERIE CHARLES BLOT, RUE BLEUE, 7.

LES
CONTEMPORAINS SURFAITS

PAR

KARL FREI

LE PRINCE DE BISMARCK

Prix du Numéro : **40** centimes

BUREAUX : RUE MONTMARTRE, 146

PARIS

LES CONTEMPORAINS SURFAITS

Paraissent tous les Vendredis

PRIX DE L'ABONNEMENT

Un an . . . . **20** francs

Six mois. . . . . **10** —

Pour toutes communications et demandes
de souscription, s'adresser à la

LIBRAIRIE SOIRAT

Rue Montmartre. 146, Paris

PARIS. — IMPRIMERIE CHARLES BLOT, RUE BLEUE, 7.